STUDY PLANNER

MOOD ☺ 🙂 😐 ☹ 😣	DATE.	MON	TUE	WED	THU	FRI	SAT	SUN

TODAY'S PRIORITY

○

○

○

PLAN		TOTAL TIME	H	M
	○			
	○	6		
	○	7		
	○	8		
	○	9		
	○	10		
	○	11		
	○	12		
	○	1		
	○	2		
	○	3		
	○	4		
	○	5		
	○	6		
	○	7		
	○	8		
	○	9		
	○	10		
	○	11		
		12		
		1		
		2		
		3		
		4		
		5		

COMMENT

STUDY PLANNER

D -

MOOD ☺ ☺ ☺ ☹ ☹	DATE.		MON	TUE	WED	THU	FRI	SAT	SUN

TODAY'S PRIORITY

- ○
- ○
- ○

PLAN			TOTAL TIME	H	M
	○		6		
	○		7		
	○		8		
	○		9		
	○		10		
	○		11		
	○		12		
	○		1		
	○		2		
	○		3		
	○		4		
	○		5		
	○		6		
	○		7		
	○		8		
	○		9		
	○		10		
	○		11		
	○		12		
	○		1		
	○		2		
			3		
			4		
			5		

COMMENT

STUDY PLANNER

MOOD ☺☺☺☺☺	DATE.	MON	TUE	WED	THU	FRI	SAT	SUN

TODAY'S PRIORITY

○

○

○

PLAN		TOTAL TIME	H	M
	○	6		
	○	7		
	○	8		
	○	9		
	○	10		
	○	11		
	○	12		
	○	1		
	○	2		
	○	3		
	○	4		
	○	5		
	○	6		
	○	7		
	○	8		
	○	9		
	○	10		
	○	11		
		12		
		1		
		2		
		3		
		4		
		5		

COMMENT

STUDY PLANNER

D -

MOOD ☺ ☺ ☺ ☹ ☹	DATE.	MON	TUE	WED	THU	FRI	SAT	SUN

TODAY'S PRIORITY

- ○
- ○
- ○

PLAN			TOTAL TIME	H	M
		○	6		
		○	7		
		○	8		
		○	9		
		○	10		
		○	11		
		○	12		
		○	1		
		○	2		
		○	3		
		○	4		
		○	5		
		○	6		
		○	7		
		○	8		
		○	9		
		○	10		
		○	11		
			12		
			1		
			2		
			3		
			4		
			5		

COMMENT

SEOWONGAK

STUDY PLANNER

D -

MOOD ☺ ☺ ☺ ☹ ☹	DATE.	MON	TUE	WED	THU	FRI	SAT	SUN

TODAY'S PRIORITY

○

○

○

PLAN			TOTAL TIME	H	M
		○			
		○	6		
		○	7		
		○	8		
		○	9		
		○	10		
		○	11		
		○	12		
		○	1		
		○	2		
		○	3		
		○	4		
		○	5		
		○	6		
		○	7		
		○	8		
		○	9		
		○	10		
		○	11		
			12		
			1		
			2		
			3		
			4		
			5		

COMMENT

STUDY PLANNER

D -

MOOD ☺☺☺☹☹	DATE.	MON	TUE	WED	THU	FRI	SAT	SUN

TODAY'S PRIORITY

○

○

○

PLAN			TOTAL TIME	H	M
		○			
		○	6		
		○	7		
		○	8		
		○	9		
		○	10		
		○	11		
		○	12		
		○	1		
		○	2		
		○	3		
		○	4		
		○	5		
		○	6		
		○	7		
		○	8		
		○	9		
		○	10		
		○	11		
			12		
COMMENT			1		
			2		
			3		
			4		
			5		

STUDY PLANNER

D -

MOOD 😊😀😐😟😫	DATE.		MON	TUE	WED	THU	FRI	SAT	SUN

TODAY'S PRIORITY

- ○
- ○
- ○

PLAN			TOTAL TIME	H	M
		○	6		
		○	7		
		○	8		
		○	9		
		○	10		
		○	11		
		○	12		
		○	1		
		○	2		
		○	3		
		○	4		
		○	5		
		○	6		
		○	7		
		○	8		
		○	9		
		○	10		
		○	11		
			12		
COMMENT			1		
			2		
			3		
			4		
			5		

STUDY PLANNER

D -

MOOD ☺ ☻ ☺ ☹ ☹	DATE.		MON	TUE	WED	THU	FRI	SAT	SUN

TODAY'S PRIORITY

○

○

○

PLAN			TOTAL TIME	H	M
		○	6		
		○	7		
		○	8		
		○	9		
		○	10		
		○	11		
		○	12		
		○	1		
		○	2		
		○	3		
		○	4		
		○	5		
		○	6		
		○	7		
		○	8		
		○	9		
		○	10		
		○	11		
			12		
			1		
			2		
			3		
			4		
			5		

COMMENT

STUDY PLANNER

D -

MOOD ☺☻☺☹☹	DATE.	MON	TUE	WED	THU	FRI	SAT	SUN

TODAY'S PRIORITY

○

○

○

PLAN			TOTAL TIME	H	M
		○			
		○	6		
		○	7		
		○	8		
		○	9		
		○	10		
		○	11		
		○	12		
		○	1		
		○	2		
		○	3		
		○	4		
		○	5		
		○	6		
		○	7		
		○	8		
		○	9		
		○	10		
		○	11		
			12		
			1		
			2		
			3		
			4		
			5		

COMMENT

STUDY PLANNER

D -

MOOD ☺ 😊 😐 😟 😣	DATE.	MON	TUE	WED	THU	FRI	SAT	SUN

TODAY'S PRIORITY

○

○

○

PLAN

		○
		○
		○
		○
		○
		○
		○
		○
		○
		○
		○
		○
		○
		○
		○
		○
		○
		○
		○
		○

TOTAL TIME	H	M
6		
7		
8		
9		
10		
11		
12		
1		
2		
3		
4		
5		
6		
7		
8		
9		
10		
11		
12		
1		
2		
3		
4		
5		

COMMENT

STUDY PLANNER

D -

MOOD ☺ 😄 😐 😕 😣	DATE.	MON	TUE	WED	THU	FRI	SAT	SUN

TODAY'S PRIORITY

- ○
- ○
- ○

PLAN		○

	○

TOTAL TIME	H	M
6		
7		
8		
9		
10		
11		
12		
1		
2		
3		
4		
5		
6		
7		
8		
9		
10		
11		
12		
1		
2		
3		
4		
5		

COMMENT

STUDY PLANNER

D -

MOOD 😊 😄 😐 😞 😫	DATE.		MON	TUE	WED	THU	FRI	SAT	SUN

TODAY'S PRIORITY

- ○
- ○
- ○

PLAN		○
		○
		○
		○
		○
		○
		○
		○
		○
		○
		○
		○
		○
		○
		○
		○
		○
		○
		○
		○
		○

TOTAL TIME	H	M		
6				
7				
8				
9				
10				
11				
12				
1				
2				
3				
4				
5				
6				
7				
8				
9				
10				
11				
12				
1				
2				
3				
4				
5				

COMMENT

STUDY PLANNER

D -

MOOD ☺ 😊 😐 ☹ 😣	DATE.		MON	TUE	WED	THU	FRI	SAT	SUN

TODAY'S PRIORITY

○

○

○

PLAN		○
		○
		○
		○
		○
		○
		○
		○
		○
		○
		○
		○
		○
		○
		○
		○
		○
		○
		○
		○
		○

TOTAL TIME	H	M
6		
7		
8		
9		
10		
11		
12		
1		
2		
3		
4		
5		
6		
7		
8		
9		
10		
11		
12		
1		
2		
3		
4		
5		

COMMENT

STUDY PLANNER

D -

MOOD ☺ 😀 😐 🙁 😫	DATE.		MON	TUE	WED	THU	FRI	SAT	SUN

TODAY'S PRIORITY

- ○
- ○
- ○

PLAN

		○
		○
		○
		○
		○
		○
		○
		○
		○
		○
		○
		○
		○
		○
		○
		○
		○
		○
		○
		○

TOTAL TIME	H	M
6		
7		
8		
9		
10		
11		
12		
1		
2		
3		
4		
5		
6		
7		
8		
9		
10		
11		
12		
1		
2		
3		
4		
5		

COMMENT